MADRES, NO MADRES Y MADRES EN EL LIMBO

ExLibric

MARICEL DÍEZ

MADRES, NO MADRES
Y MADRES EN EL LIMBO

EXLIBRIC

ANTEQUERA 2025

MADRES, NO MADRES Y MADRES EN EL LIMBO
© Maricel Díez
Diseño de portada: Dpto. de Diseño Gráfico Exlibric

Iª edición

© ExLibric, 2025.

Editado por: ExLibric
c/ Cueva de Viera, 2, Local 3
Centro Negocios CADI
29200 Antequera (Málaga)
Teléfono: 952 70 60 04
Fax: 952 84 55 03
Correo electrónico: exlibric@exlibric.com
Internet: www.exlibric.com

ISBN: 979-13-87944-14-8
Depósito Legal: MA 1176-2025

Impresión: PODiPrint
Impreso en Andalucía – España

Nota de la editorial: ExLibric pertenece a Innovación y Cualificación S. L.

MARICEL DÍEZ

MADRES, NO MADRES Y MADRES EN EL LIMBO

A Vega por convertirme en madre.
A Marijose, por convertirme en hija.

Y a todas las mujeres: madres,
no madres y madres en el limbo.

Índice

PREÁMBULO

Estos versos cuentan mi historia
sobre el camino que recorrí
lleno de piedras y baches
y de guerras inesperadas
en las que tuve que luchar,
viviendo el «lo que no te mata te hace más fuerte»
(pero duele),
hasta que conseguí llegar a Ella.
Partir de la más profunda oscuridad
hasta llegar a la luz más brillante.

Pero hay que poner un contexto
de cómo pasé por distintas fases:
«no madre – madre en el limbo – madre».

Primero fui no madre por elección,
no tenía la necesidad,
el impulso de tener descendencia;
vivía plena, con mis proyectos,
pasaba el tiempo y yo estaba bien,
y para mí era perfecto.

Hay mujeres que se sienten completas así,
siendo no madres por convicción,
y eso es maravilloso:
tener la claridad
y escribir su proyecto vital
sin la mínima necesidad de convertirse en madre.

El conflicto llega cuando no eres madre
y estás forzada a serlo sin quererlo,
como también es terrible el querer tener hijos
y no poder conseguirlo.

Y en este último caso me vi yo,
cuando después de muchos años,
mi pareja y yo decidimos
que queríamos ser padres,
y pusimos en ello
todas nuestras ilusiones y esfuerzos.

Pero querer no es lo mismo que poder,
y aunque intentas con toda el alma,
puede que te cueste conseguirlo
y es entonces cuando te quedas
en un punto intermedio,
sin llegar a ser madre, pero casi siéndolo,
con dolor y pena. Y así, sin más remedio,

de la noche a la mañana
te conviertes en madre en el limbo.

Así estuve yo unos años,
intentando ser madre sin resultado,
solo consiguiendo hacerme daño,
quedándome entre dos tierras
y viendo que las posibilidades
se iban limitando,
mi salud mermaba
y sentía que se me acababa el tiempo.

Pasas eternas esperas
cargadas de dolor y culpa.
No saber si te convertirás o no en madre.
La incertidumbre es un peso extra difícil de llevar.

Hay mujeres que se quedan ahí
y deciden pasar página
y no intentarlo más
por salud mental y corporal.
Consiguen seguir con sus vidas,
y eso, aunque duro,
también está bien,
a pesar de que, de cuando en cuando,
palabras y recuerdos podrán reabrir sus heridas.

Pude ser yo ese tipo de mujer,
pero tras años de pruebas, pérdidas, intentos,
casi como un pequeño milagro de la ciencia,
de mis rezos y de mi cuerpo
nació Ella, y me convirtió en Madre.

Después de tanto tiempo había dejado el limbo,
y eso tenía un claro efecto secundario:
todo me parecía mentira, me parecía un sueño.
Porque pensar que un camino lleno de baches,
de espinas, de sufrimiento,
se acabara convirtiendo en algo tan bello
me parecía una locura.

Muchas veces me he tenido que pellizcar
para confirmar que me estaba sucediendo,
que era real,
que Ella estaba aquí,
el mejor regalo que la vida me podía dar.

Madres, no madres y madres en el limbo,
pasé por los tres estados
y sé que todo pudo haber sido distinto.

Desde entonces admiro mucho más
a cada una de esas clases de mujeres
por distintos motivos.
Qué historias esconderán
detrás de fortaleza y superación,
qué vivencias dejarán a sus espaldas…
Eso es un secreto que podrán o no contar.

Madres, no madres y madres en el limbo,
cada mujer es un mundo,
un universo en sí mismo.

Bebé cuántico

A ti, que estás
y que no estás,

que eres certeza
e incertidumbre,

dime si continúas
o si ya no estás conmigo.

Quiero saber,
aunque la verdad duela.

Quiero abrir la caja
de Schrödinger

y ver lo que hay
ahí dentro.

Necesito conocer la realidad,
aunque sea dura.

Necesito despejar
la terrible incógnita,

porque me pesa demasiado
este No Saber.

Porque las esperas
son eternas.

Porque que seas cuántico
me desalienta.

Por favor, quiero saber,
necesito saber.

Dime si continúas
o si ya no estás conmigo.

RITUAL

Hay que dejar ir
para sanar.

Encendemos velas,
nos miramos a los ojos

y con eso
nos decimos todo.

Un adiós
a ese algo
que pudo ser,
pero que no fue.

Hay que dejar ir
para avanzar,
aunque ahora duela,
aunque ahora duelo.

3+1 LATIDOS

A Lucas

Tres latidos dentro de mí
y con el tuyo hacen cuatro.
Así empezó algo tan especial,
lleno de incertidumbres e ilusiones,
deseando que la suerte cayera de nuestro lado.

Cuando solo éramos tú y yo,
como dice la canción,
nunca necesitamos nada más,
hasta que creamos esos latidos
y entonces nuestro universo cambió.

Tres latidos y con el tuyo cuatro,
dos de ellos incipientes y frágiles,
que nos hacían soñar, pensar en un futuro
de una casa llena de juegos,
pañales, risas y lloros gemelares.

Pero pronto se quedaron sin opciones:
su mundo se derrumbó poco a poco
y nada pudimos hacer para retenerlos,
y mi cabeza hizo un clic que me cambió,
y mi corazón se rompió del todo.

Fuimos tres latidos y con el tuyo cuatro,
demasiado poco tiempo
para poder apreciarlos.
¿Cómo reponerse de tal pérdida,
del más cruel doble o nada?

Y volvimos a ser dos latidos
con un par de cicatrices
imposibles de borrar,
que nos hicieron más fuertes,
nos unieron más que nunca.

Heridas y recuerdos
que hacen que te quiera
y te aprecie mucho más
en otras dimensiones
que no hubiera podido nunca imaginar.

Y me hacen pensar
en que no sé si algún día
seremos más de dos latidos,
pero lo que sí sé es que estando juntos
podremos con cualquier revés del destino.

Σίσυφος (SÍSIFO)

Reencarnada en Sísifo,
parece que tan solo puedo cumplir el castigo,
destinada a subir piedras por empinadas laderas
para al final del día
perder todo lo conseguido
y ver rodar inevitablemente la piedra cuesta abajo.

Una y otra vez,
una y otra vez,
una y otra vez…

Intentando romper la maldición,
probando nuevos modos
para cambiar la situación,
al final del día el resultado será el mismo.
Y suena una voz que dice:
«¿No te has dado cuenta
de que eres el mismísimo Sísifo?».

Pero cada día te levantas y lo intentas de nuevo
y arrastras la piedra,
y cada vez parece que la meta está más cerca.
Y cuando aparentemente lo vas a conseguir,

de nuevo rueda la piedra.
Otro día, otro intento, otro lamento.

Y vuelve un nuevo amanecer,
y piensas si merece la pena
seguir empujando la piedra,
porque cada vez tienes menos fuerza,
más desaliento,
pero lo intentas y la mueves,
e igualmente la piedra cae hacia la ladera.

Otro día, otra oportunidad,
has cogido más fuerzas, sabes que lo lograrás.
¿Quién dice que no lo harás?
¿Está acaso todo escrito?
¿O es un castigo de los dioses?
Sin respuesta clara, la piedra vuelve a rodar.

Una y otra vez,
una y otra vez,
una y otra vez…

Y al día siguiente te dices «este es especial»,
porque, al fin y al cabo,
han existido otras y otros Sísifos
y algunos han roto la maldición,

dejando la piedra en lo alto,
sin que caiga ni haya que volver a levantarla.
Pero la piedra vuelve a rodar:
hoy no va a ser el día.

Y otra jornada más subes con la piedra
y te preguntas:
«¿Y si el castigo no es subir la piedra?
¿Y si el castigo no lo pusieron los dioses?
¿Y si la piedra realmente es la culpa?».
Y mientras mueves la piedra,
no sabrás si esta vez caerá
o si se mantendrá en lo más alto.

HEROD'S BELLY SYNDROME I (SÍNDROME DE LA BARRIGA DE HERODES I)

El humor negro me mantuvo con vida.
Es algo que puede que solo entiendan
aquellos que hayan pasado por algo traumático
o por una experiencia para la que no encuentran
ni explicación ni lógica.

Cuando un aborto tras otro
te arrasan cuerpo y alma
      (y no encuentras la razón).
Tras múltiples pruebas,
algunas terriblemente dolorosas.
Cuando te dicen que todo está bien,
      (aparentemente),
pero no está bien,
      (porque no consigues que el embarazo
      siga su curso)
y pasa el tiempo y no hay diagnóstico
      (las semanas se hacen eternas)
ni se sabe lo que ocurre,
al final tu mente te da una herramienta
      (un regalo extraño)
como es el humor negro.

En mi caso ocurrió cuando mi cabeza dijo basta,
cuando sufrí una pérdida gemelar
y tenían que hacerme una intervención
    (de feo nombre legrado)
que coincidió el último viernes de noviembre.
De mi cabeza entonces brotó una ocurrencia:
un «me tomo los *black fridays* de forma literal».

Desde fuera cualquiera pensaría
«qué mujer tan desalmada»,
pero ese chiste, esa muestra de humor,
me salvó ese día,
porque por dentro me moría:
de pena, de miedo, de tristeza,
y de no poder hacer en esos momentos
luto por lo que perdía,
porque primero tenía que pasar ese trance
en el hospital y recuperarme
y, por qué no decirlo:
porque estaba completamente en shock.

Pérdida tras pérdida, mi mente recurría
al humor negro como defensa
y aparecía la broma-leitmotiv:
«A ver si voy a tener un trastorno desconocido
que se hace llamar Herod's Belly Syndrome,»

que, en inglés, escrito así,
suena muy bien y hasta gracioso,
y cuya traducción sería:
«Síndrome de la Barriga de Herodes»,
porque al igual que el rey bíblico,
mi tripa parecía ordenar una y otra vez
su particular «Matanza de los Inocentes».

Por raro que parezca,
ese chascarrillo
me servía de salvavidas
ante situaciones tan absurdas
y terriblemente dolorosas que me tocaron vivir.

Y mientras mi cabeza creaba chistes raros,
también esperaba que mi síndrome inventado
tuviera cura.

PÉRDIDA

Su pequeño mundo se derrumba
y no puedes hacer nada,
tan solo sentir pena e impotencia
por no poder hacer nada.

Y te derrumbas, te desgarras,
te vuelves del revés,
pierdes una parte de ti
y no puedes hacer nada.

Y después de tanto dolor,
un camino de luz y esperanza,
que no lo hace más fácil,
porque no pudiste hacer nada.

Poco a poco te vas recuperando,
como si todo hubiese sido un mal sueño,
aunque cicatrice y se quede en la memoria,
¡Duele tanto el recuerdo de la nada…!

A UNA BARRIGA

Eres gloriosa,
una heroína,
dura y redonda,
repleta de vida.

Eres imperfecta
y, a la vez, preciosa,
contienes en ti
mi cosa valiosa.

Eres creciente,
pareces la luna.
Eres su primer hogar,
su primera cuna.

Eres resistente,
barriga cansada,
aguantas los tratamientos,
me tienes asombrada.

Eres milagrosa
y por eso te mereces
que te escriba y alabe
una y mil veces.

TROTONA

Desde muy pronto
siento sus movimientos
y no para.

> Tro-ta
> tro-ta
> tro-ta
> tro-ta
> trota que te trota
> (Y no se agota)

Sus movimientos me tranquilizan,
me conmueven
y me divierten.

> Tro-ta
> tro-ta
> tro-ta
> tro-ta
> La Trotona
> (Bebé inquieta, bebé bailona)

Sus patadas y espasmos
hacen que adore cada vez más
a mi barriga.

Tro-ta
tro-ta
tro-ta
tro-ta
trota que te trota
(¡Y no para!)

En la siesta
quiero descansar,
pero ella empieza a hipar.

Hip
hip
hipa
Hi
hip
hipa
(Hipo que retumba en mi tripita)

Bebé trotona
de patadas amorosas,
¡qué ganas de conocerte en persona!

Trota, trota,
trota y trota,
trota y trota,
trota que te trota...

GUERRERA LUCHADORA

Ojalá no me apodaran
guerrera luchadora.

Ojalá que todo hubiera sido
mucho más normal.

Ojalá habernos podido ahorrar
tantas pruebas y esperas.

Ojalá no hubiéramos tenido
tantas despedidas.

Ojalá haber podido evitar
todo el daño sufrido.

Pero los ojalás
no sirven de nada.

El mejor remedio
contra los ojalás
es pensar que todo ello
fue una vivencia,
que fueron pasitos necesarios
para llegar a Ella.

De esa forma
queda en el pasado,
y hace que todo lo sufrido
no duela tanto,
y que su llegada
ilusione aún más.

Y así llevar con orgullo,
y no como una carga,
que me llamen
guerrera luchadora.

HEROD'S BELLY SYNDROME II (SÍNDROME DE LA BARRIGA DE HERODES II)

El tratamiento ha funcionado,
mi barriga al fin se ha portado:
he superado el trastorno herodiano…
¡Y he tenido un bebé sano!

PARTO

Cualquier parto es un trance
que toda madre debe pasar
con mayor o menor lance.

Tuve tres sustos antes del parto,
tres hospitalizaciones que casi
nos llevan al infarto.

Todo debido a los sangrados,
por la dichosa placenta previa
que nos tenía alertados.

Por suerte, la bebé se movía
y eso me relajaba,
porque, al fin y al cabo, la sentía.

Los chequeos iban bien,
no los pude contar,
para mí fueron más de cien.

Ecografías, análisis, monitores…
Tantas pruebas, aunque sin miedo,
sin molestias, ni dolores.

Esa mañana de la tercera hospitalización
estaba acompañada por mis padres,
que se vieron en una curiosa situación.

«Todo bien, hay que esperar»,
dijeron las ginecólogas.
Al rato, cuando se fueron, me puse a llorar.

«Mamá, no aguanto otra estancia en el hospital,
me agobia volver a casa y empeorar,
me siento cansada y con poca salud mental».

Entonces empecé a sangrar,
mi cuerpo por lo visto dijo basta
y la bebé ya quería a este mundo llegar.

Levantó las sábanas mi madre,
lo que debió ver
fue un puro desastre.

Llamamos a las enfermeras,
que trajeron a las ginecólogas
y se acabaron las esperas.

«Cesárea de urgencia», me dijeron.
Todo se aceleró de golpe,
incredulidad y temblequeo de piernas le siguieron.

«Entras tú a quirófano, mamá».
Tiempo justo para organizar
y poder avisar al papá.

Carreras por los pasillos
con los sanitarios.
Mis padres nerviosos, pobrecillos.

Entré al quirófano sin acompañamiento,
menos mal que la anestesista
me contaba sobre el procedimiento.

Hay que estarse quieta por la epidural.
«¿Me he movido?», pienso asustada.
Todo correcto, ni un daño colateral.

La intervención es inminente.
Me tumban,
sigue habiendo trasiego de gente.

Me embadurnan con yodo,
parezco unas costillas barbacoa,
sigo teniendo humor de algún modo.

Y ponen esa tela para no ver,
y huele a cuerno quemado.
Supongo lo que es.

Empieza la operación.
Guiada por la voz de la anestesista,
no hay tiempo para la preocupación.

Entonces los zarandeos llegan,
en la zona de la tripa,
sin contratiempos se sobrellevan.

De golpe mi voz se ralentiza,
mi tensión está por los suelos,
pero pronto me estabilizan.

Más y más zarandeo,
como si alguien chiquitito
estuviera montando en un rodeo.

Así un rato,
que se me hace
algo largo.

De repente me emociono,
unas lágrimas caen por mi rostro,
porque ya está aquí, la oigo.

Otros minutos voy contando,
mientras le hacen las pruebas
y a mí me van cerrando.

Me la enseñan, pero casi no la veo,
el reojo no me llega, así que espero.
Al fin llega mi madre, coge a la niña;
yo me mareo.

Por suerte, la anestesista me ayuda
y me vuelvo a recuperar.
Mi madre emocionada admira a la bebé,
yo quiero empezar a amamantar.

Pero hay que ir al box primero.
Doy las gracias al trabajo de equipo
a celadores, matronas, ginecólogos,
pediatras, anestesistas, enfermeros…

Ya en el box todo va fenomenal,
los pechos se portan
y la bebé es lactante profesional.

Estamos un rato así.
Increíble que me salga alimento
de ahí.

Después el traslado a la habitación,
a presentar a la familia
la nueva incorporación.

Ese fue el fin de una senda tan dolorosa,
que por fin dio paso
al principio de una aventura maravillosa.

MATERNIDAD

Ha nacido y, de la noche a la mañana,
todo ha cambiado para siempre:
ella se ha convertido en hija
y tú en madre.

Te sientes tan perdida
y, a la vez, tan ubicada.
Has cambiado mucho,
pero no te sientes diferente.
No entiendes muchas cosas,
pero otras son cristalinas.
El instinto te guía;
al fin y al cabo, eres un animal.
Tu cuerpo genera alimento
y eso te parece pura magia.

Sientes amor, miedo, alegría, melancolía,
ternura, dolor, incertidumbre…
Es como un vendaval de emociones,
un concierto dirigido por las hormonas
que no saben si tocar alegres o tristes melodías
y traen muchas cosas buenas,
aunque algunas malas:

de noches a medio dormir,
pero quedarte absorta mirando su carita de ángel,
de molestias en los pechos,
pero sentir ese vínculo tan especial
que se crea con la lactancia,
de pensar que no controlas nada,
pero ir viendo que todo marcha a la perfección.

De repente te das cuenta de que tienes un nuevo eje,
un nuevo epicentro de todo,
y te olvidas de ti,
y te abandonas
para atenderla en todo.
Y te da igual,
un síndrome de Estocolmo radical.
Tienes el cuerpo en servicios mínimos
y lo mismo te da;
a pesar de las molestias o dolores,
ella es la prioridad, está grabado a fuego
y hace que de alguna forma sea llevadero.

Tienes un rumbo bien definido,
pero no sabes muy bien
cómo girar el timón.
No sabes qué hacer,
pero lo acabas haciendo,

está en tus genes,
en tu programación.

Te sientes tan sola
y tan acompañada...
A ratos no te entiendes.
Quieres ser la madre perfecta,
pero no puedes,
la perfección es una quimera,
(pero ya te darás cuenta más adelante,
lleva su tiempo).
Por suerte tienes la ayuda de tu pareja y familia,
que observan sorprendidos cómo eres víctima
de esas hormonas
cuando lloras sin venir a cuento.

Desde el principio
sientes un enamoramiento extraño y tan fuerte,
como nunca has sentido,
y sabes en ese preciso momento
que ese amor no acabará nunca.
La coges de la manita,
de algún modo nunca la soltarás,
ni siquiera cuando ya no estés,
esa conexión sagrada perdurará
más allá del espacio y del tiempo.

LACTANCIA

Es la hora de dar el pecho
a mi bebé de poco tiempo.
Buscamos posturas cómodas,
aún nos estamos conociendo.

Poco a poco se van las molestias
y la miro fijamente.
No quiero perder ni un detalle, ni un respiro.
Me meto en un mundo subconsciente
y me sumerjo en sus ojos de agua cristalina.
¿Es un pozo de los deseos
o un pequeño lago de ensueño?
Yo solo sé que me adentro buceando en ellos.

Durante largos minutos me hundo y me pierdo
en una inmersión del todo placentera.
No encuentro mejor lugar en el universo,
hasta que encuentro una silueta
y la miro extrañada.
Resulta ser mi reflejo,
es el camino de vuelta a la realidad
en forma de una cara de sonrisa embobada.

La bebé acaba de soltar el pecho
y cierra los ojos para dormir,
ajena a mi venturoso viaje.
Y entonces vuelvo en mí,
exhausta pero tremendamente feliz,
emocionada, esperando a la siguiente zambullida
en sus ojos de pura agua cristalina.

Qué plena soy así.
Duerme bien, chiquitina.

Haikus cotidianos

I

Lloros en casa
se oyen cada día,
no son del bebé.

II

Pila de platos,
lavadora por colgar.
Madre estresada.

III

Pechos al aire,
mas no soy naturista.
Grietas y dolor.

IV

Dono mi leche.
La bebé no lo entiende.
Solidaridad.

POESÍA A VEGA-BEBÉ
(A SUS 12 MESES)

Mi niña huele a dulces fresas,
a amor y a esperanza.
Mi niña tiene el tacto suave
y cosquillas en la panza.

Sus preciosos ojos azules
y sus mofletes sin fin
la hacen única,
parece un querubín.

Juega, descubre, se ríe;
si no le haces caso, se enrabieta;
se despierta mil veces en la noche
a por su ración de teta.

Es grande, larga,
su tamaño es digno de alabar,
su percentil alto
quiebra mi lumbar.

Si la sacas a pasear,
saluda a todo el mundo;
su carisma compromete
en tan solo un segundo.

Es una gran gourmet:
le da duro al aguacate,
destripadora de pan,
adoradora del tomate.

Quiere ponerse ya de pie,
del gateo pasa,
porque es orgullosa
y huye de ir a rastras.

De rock son sus nanas,
eso extraña a cualquiera,
pero desde muy pequeñita
es lo que hacía que se durmiera.

Chasquea la lengua
como Saritilla Montiel.
Profesional de las pedorretas,
es dulce como la miel.

Le gustan mucho los libros,
de papel, tela o cartón,
incluso los sonoros,
por suerte tiene un montón.

También adora el agua,
sobre todo la piscina,
es una gran chapoteadora,
un espectáculo, mi chiquitina.

Sus carcajadas
merecen estrofa aparte:
te llenan de vida,
son puro arte.

Imposible que hubiera salido mejor
si la hubiéramos diseñado.
Cómo te queremos, Vega,
nos tienes enamorados.

MI PEQUEÑA MUSA

Quién me diría
que a estas alturas de la vida
esta me sorprendería,

que me iba a dar
el regalo más grande
que alguien puede disfrutar.

Tenerla entre mis brazos,
cuidarla, besarla,
llenarla de arrumacos…

Y quién me iba a decir
que, gracias a ella,
volvería a escribir,

que mis noches llenaría
de ternura, de letras,
de poesía.

Estando a su lado
mi creatividad crece
como un torrente incontrolado.

¿Es ficción o realidad?
Los versos florecen
regados de pura felicidad,

uniendo onírico y lírico,
rimas que fluyen
en medio de su sueño pacífico.

Curiosa influencia
la que despierta en mí,
poder creador, amor en esencia.

No sé si seré ilusa,
pero parece que de mi útero
salió una pequeña musa.